# ANGULARIDADES

# Waldemar Zveiter

# ANGULARIDADES

*Poesia*

EDITORA RECORD
RIO DE JANEIRO • SÃO PAULO

CIP-Brasil. Catalogação-na-fonte
Sindicato Nacional dos Editores de Livros, RJ.

| | |
|---|---|
| Z94a | Zveiter, Waldemar<br>    Angularidades / Waldemar Zveiter. —<br>Rio de Janeiro : Record, 1995. |
| | 1. Poesia brasileira. I. Título. |
| 95-1336 | CDD — 869.91<br>CDU — 869.0(81)-1 |

Copyright © 1995 by Waldemar Zveiter
Capa e ilustrações: Ricardo Leite/Pós Imagem

Apoio: Instituto dos Magistrados do Brasil

Direitos exclusivos desta edição reservados pela
DISTRIBUIDORA RECORD DE SERVIÇOS DE IMPRENSA S.A.
Rua Argentina 171 — 20921-380 Rio de Janeiro, RJ — Tel.: 585-2000

Impresso no Brasil

ISBN 85-01-04259-5

PEDIDOS PELO REEMBOLSO POSTAL
Caixa Postal 23.052 — Rio de Janeiro, RJ — 20922-970

*Do desconhecido nascente ao infinito porvir, em homenagem a Cecília, o poliédrico desejo de humana integração.*

## ÂNGULO e PRISMA

Advogado exponencial, magistrado eminente (como Desembargador do Tribunal de Justiça do Estado do Rio de Janeiro e, posteriormente, Ministro do Superior Tribunal de Justiça), orador reputado, a aguda sensibilidade de Waldemar Zveiter teria que se manifestar em generosa poesia, exprimindo com precisão seu sentimento de beleza. Talvez, por isso, os títulos de seus livros de poemas tenham sido colhidos na Geometria e na Física. O primeiro chamou-se *Prisma e Ótica* e o segundo, *Angularidades*.

Apesar de ambos terem características comuns (lirismo suave, numa forma austera, acentos filosóficos e sociais), o segundo aprimora-as como seivoso e absorvente canto de amor onde o poeta, numa vertiginosa transubstanciação, se funde, em essência, com a mulher amada (poemas "Ausência" e "Metamorfose"), que tem o sabor "de maçãs colhidas na florada" e que o faz indagar se "nós somos/ o nosso possível/ ou nosso impossível sonho?" ("Hai Kai"), para concluir que "todo sonho/ se constitui realidade"("Real"), transformando-se em palavras.

A "alma de mil almas", que Shakespeare via no poeta, transparece em Waldemar Zveiter, rapsodo de poliédricas, abissais e imprescindíveis emoções, que, visceralmente, se identificam com a própria vida.

*FERNANDO WHITAKER DA CUNHA*
*Desembargador*

## SUMÁRIO

### SONHOS

AURORA ........................................... 15
AUSÊNCIA ......................................... 16
AZUL .............................................. 17
CANTO ............................................ 18
CANTO II ......................................... 19
CARACOL ......................................... 20
COMPREENSÃO ................................. 21
DANÇA ............................................ 22
DÚVIDA ........................................... 23
EX-ROSA .......................................... 24
FLÁVIO ........................................... 25
HAI KAI ........................................... 26
MUSA .............................................. 27
OUTONO .......................................... 28
PARA LUIZA EU QUERIA ....................... 29
POR QUE .......................................... 31
REAL .............................................. 32
ROCHEDO MAR .................................. 33
SONHOS .......................................... 35
TER ................................................ 36
TORVELINHO .................................... 37
VAGO .............................................. 38

VIDA. . . . . . . . . . . . . . . . . . . . . . . . . . . . . . . . . . . . . . . . . 39
VOLTA . . . . . . . . . . . . . . . . . . . . . . . . . . . . . . . . . . . . . . 41

## DEVANEIOS

AMANTE . . . . . . . . . . . . . . . . . . . . . . . . . . . . . . . . . . . . 45
ANSEIO . . . . . . . . . . . . . . . . . . . . . . . . . . . . . . . . . . . . . 46
AUSÊNCIA. . . . . . . . . . . . . . . . . . . . . . . . . . . . . . . . . . . 50
BUSCA . . . . . . . . . . . . . . . . . . . . . . . . . . . . . . . . . . . . . 52
CHÁ . . . . . . . . . . . . . . . . . . . . . . . . . . . . . . . . . . . . . . . 53
DELEITE . . . . . . . . . . . . . . . . . . . . . . . . . . . . . . . . . . . 54
DELEITE II . . . . . . . . . . . . . . . . . . . . . . . . . . . . . . . . . 55
DINHA. . . . . . . . . . . . . . . . . . . . . . . . . . . . . . . . . . . . . 56
DIVINDADE . . . . . . . . . . . . . . . . . . . . . . . . . . . . . . . . 57
DIZER . . . . . . . . . . . . . . . . . . . . . . . . . . . . . . . . . . . . . 58
DIZER II. . . . . . . . . . . . . . . . . . . . . . . . . . . . . . . . . . . 59
DO AMOR. . . . . . . . . . . . . . . . . . . . . . . . . . . . . . . . . . 60
DOR . . . . . . . . . . . . . . . . . . . . . . . . . . . . . . . . . . . . . . 61
ESPERA . . . . . . . . . . . . . . . . . . . . . . . . . . . . . . . . . . . 62
ESPERANÇA . . . . . . . . . . . . . . . . . . . . . . . . . . . . . . 64
ÊXTASE . . . . . . . . . . . . . . . . . . . . . . . . . . . . . . . . . . 66
FALTA. . . . . . . . . . . . . . . . . . . . . . . . . . . . . . . . . . . . 67
GOSTO. . . . . . . . . . . . . . . . . . . . . . . . . . . . . . . . . . . 68
HAI KAI II . . . . . . . . . . . . . . . . . . . . . . . . . . . . . . . . 69
IMAGEM . . . . . . . . . . . . . . . . . . . . . . . . . . . . . . . . . 70
INTEGRAÇÃO . . . . . . . . . . . . . . . . . . . . . . . . . . . . 71
INTEGRAL . . . . . . . . . . . . . . . . . . . . . . . . . . . . . . . 73
O LYRIO E A ROSA. . . . . . . . . . . . . . . . . . . . . . . . 74
METAMORFOSE . . . . . . . . . . . . . . . . . . . . . . . . . 82
PERDA . . . . . . . . . . . . . . . . . . . . . . . . . . . . . . . . . . 83
PRESENÇA . . . . . . . . . . . . . . . . . . . . . . . . . . . . . . 85
PRESENTE. . . . . . . . . . . . . . . . . . . . . . . . . . . . . . . 87
QUERER . . . . . . . . . . . . . . . . . . . . . . . . . . . . . . . . 89
QUERER II. . . . . . . . . . . . . . . . . . . . . . . . . . . . . . . 91

REENCONTRO ................................. 92
RESPOSTA .................................... 95
RISO ........................................ 97
TAÇAS ....................................... 99
VIBRAÇÃO .................................. 100
VIDA ....................................... 101

## CONCRETAMENTE

A ESCOLHA .................................. 105
ALGOZ ...................................... 107
ALMA PRETA ................................. 109
AMOR ....................................... 110
CAMINHADA .................................. 111
DEDICAÇÃO II ............................... 114
FALA ....................................... 115
GLÓRIA ..................................... 116
LÁSTIMA .................................... 117
LUTAR ...................................... 120
MENDIGO .................................... 122
NATAL ...................................... 125
NÊUTRON .................................... 128
OFENSA ..................................... 129
PROTESTO ................................... 130
QUERER ..................................... 131
SABEDORIA .................................. 132
SER ........................................ 133
SUBIDA ..................................... 134
UM E OUTRO ................................. 136
VIDA ....................................... 139
VIDA II .................................... 140
VOZ ........................................ 143

# SONHOS

# AURORA

Sou originário
e naturalmente
invadido por
teu amor
que se materializa
adamantino
radiante
iluminando
minha alma.

# AUSÊNCIA

A sede
a dor
de não
ter
você
me angustia
e esfria
pela
falta
de seu
calor

Procuro-o
e não
encontro
fico só

Diluído
me consumo
e em essência
me dou conta
que essencialmente
me transformo
em você

# AZUL

Era azul
teu sorriso
que brincava
com o azul
do mar

Azul criança
esperança
de quem
se dá

Sem cobranças
ou pagas
nos pequenos
gestos gostos
gostosos
de se gozar

# CANTO

Teus olhos
liras
o canto
surdo
de teu
coração

Atingiram
fundo
ressonâncias
de amor

Provocando
estímulos
que jaziam
mudos

Despertando
contidas
paixões

# CANTO II

A beleza
do canto
santo
sinto
e não
posso
cantar

Mas ouço
e me
encanto
com
o santo
da paz
que o
canto dá

# CARACOL

Tuas mãos de caracol
certas íntegras nítidas
que percorrem
exatamente
o relvado de minha alma

E em sua caminhada
— para onde —
não pergunto
deixa um rastro de vidrilho
que por todo me ilumina

Queria tê-las aqui
Tuas mãos de caracol
e nelas eu deslizar
pela prata de teu rio...

São tão finas e tão firmes
Tuas mãos de caracol
que me enrolam
me tecem
— até onde —
não pergunto

## COMPREENSÃO

Quem não
aceitou
o amor
dádiva
buscando
satisfazer-se
na compreensão
da entrega
não gozou
a vida
passou
por ela
mas não
viveu

# DANÇA

Na beleza
da alegria
o prazer
da dança
se compraz

Anos desfeitos
encantos
quando
se esvai
a primavera

# DÚVIDA

O mar
vai
e volta
Mar é
maré

O vento
bate
nas folhas
das árvores
que caem
e n'outras
transformadas
que se põem
de pé

O sol
morre
e renasce
todos os
dias

E os homens
vivem
e morrem
porque
assim é...

## EX-ROSA

Pétala

    caída

Dor

    aguda

Amor

    que se

Desfaz

# FLÁVIO

Flávio fulvo
amado infante
Extrato de luz
Produto e soma
de intenso amor...

Fulvo Flávio
Criança brincante
cuja presença
nos premiou

Flávio fulvo
por Deus
em prece auguro
Brilhante
será tua paz
tua vida
Brilhante
será teu futuro

# HAI KAI

Nós somos
o nosso possível
ou nosso impossível
sonho

# MUSA

A musa
canta
e encanta
os olhos
de quem
vê

Felicidade
é ser
e ter
é ver
e cantar
assim
como você

Que canta
e encanta
Sereia

A todos
que se
envolvem
e amam
amando
Você

# OUTONO

Era outono
murcharam
flores
e das árvores
caíram
folhas

Era outono
murcharam
árvores
e nos corações
caíram dores

Era outono
as ilusões
se foram
e morreram
as esperanças

Era outono
e fiquei só
porque
era outono

## PARA LUIZA EU QUERIA

Que a Vida
Fosse rosa riso
Fosse alegria
EU QUERIA

Que a Vida
Fosse quente
Sem carências
Farta e plena
EU QUERIA

Que a Vida
Fosse cantos
Encantos de todos
E para todos
EU QUERIA

Que a Vida
Fosse Vida
Simplesmente
Pura e bela
EU QUERIA

Que a Vida
Fosse dádiva

Sem reservas
Constante e permanente
EU QUERIA

Eu queria
Que a Vida
Tudo isso fosse
Num só gesto de amor
Traduzido
EU QUERIA

Para ofertá-la
A Luiza
A mais cândida
A mais bela
A mais pura
Manifestação do amor
Da própria Vida
EU QUERIA

# POR QUE

Quando
pergunto
a razão
o porquê
de nossa
união

Sinto
forte
bater
o coração
como
a dizer
que sou
nada
sem
você

## REAL

Em si
mesmo
todo
sonho
se constitui
realidade

## ROCHEDO MAR

Elas vinham
de mansinho
ao longe
se avolumando

Ele mostrava
parte do corpo
erecto
e forte

A transparência
iluminada
contrastava
grandemente
com o cinza
(de sua cor)

As escarpas
de seu corpo
realçavam mais
os lisos
e luminescentes
contornos

Aproximando-se
formavam

crispas
em seus ombros
sedosos
a refletirem
os raios
do sol

que distante
se punha
espargindo
púrpura coloração
transfigurando
na espreita
a paisagem lírica
propícia ao
inevitável encontro

# SONHOS

Um dia
me deste
teus sonhos
que sonhei
como se
fossem meus

E deles
formei
a vida
até quando
evanesceram
e me
extinguiram

# TER

Tenho
ou não
Tenho
não sei
o quê

Lamento
o tempo
a vontade
o perder

Por não
saber

Tenho
ou não
Tenho
não sei
o quê

# TORVELINHO

Caiu
ilhada
no torvelinho
de seus
pensamentos

E tentando
compreender
seu porquê

Afogou-se
na angústia
de não poder
decifrá-los

Conformando-se
com o vácuo
de sua
existência

# VAGO

Ligo
mas não
me
ligo
no que
ligado
está

Quem
é
quem
e onde
será

Na primeira
ou última
hora
alguém
saberá

Haverá
por quê
para quê
quando
e aonde...

No que
ligado
está

# VIDA

Na Vida
é preciso
continuar
levando
o choro
a dor
aonde vá

Contudo
é preciso
continuar
porém
para onde
sabe-se lá

Será até
quando
as coisas
e interesses
os choques
se encontram

Para que
pensar
Importa
continuar

Para cima
ou para
baixo
aprendendo
ou não
aí está...

É a Vida
e nela
não há
como olvidar

A Vida
é a Vida
é preciso
continuar

# VOLTA

Há um grande
vazio
Não preencho
o espaço
de tua
ausência

Sinto (tanto)
por isso
e porque não
te identifico
em minha
carne

Volta
e sufoca
então
com tua
presença

Essa dor
que não
mais consigo
suportar

# DEVANEIOS

# AMANTE

Sem xales
ou adereços
cetins reluzentes
ou brilho de jóias

No seu jeito
de amante
somente o cheiro
do corpo

O gosto de pele
e a plumagem
dos pêlos

Revestiam-na
de gala
PARA O MAIS BELO
E SOLENE ATO

# ANSEIO

Sinto
e me
falta
a coragem
de dizer

Penso
e não
consigo
realizar
um instante
sequer
de prazer

Vejo-a
em todos
os sonhos
em todos
os devaneios

E me torturo
aflijo
e quedo
guardo
em mim
mesmo
todo desejo

Irrefletido
tento
concretizar
a ilusão

E fantasio
sua presença
e figuro
o tato
no contato
vão

Tortura-me
a dor
do amor
não consumado

Compensa-me
contudo
a esperança
a crença
ainda que
tênue
da correspondência

Vislumbrada
num sorriso
ou no brilho
de seus olhos

Na resposta
ao cumprimento
no aceno
de cabeça

Ou no toque
dos cabelos
distantes
ao ondular
dos ventos

No sorriso
alvo
de seus
dentes
realçando
a cor de
sua pele

Ou no colo
de seu
ventre

E me pergunto
sempre
com temor
da indagação
silente

Valeu
ou

foi pena
sentir
pensar
e não
dizer

Para obter
a resposta
não querida

E ter
você
assim
só assim
reflexo
dos meus anseios

Miragem
e oásis
dos devaneios
que me
estimulam
até o dia
da confissão

Pronto
para receber
O ALMEJADO
SIM
OU O DETESTÁVEL
NÃO

# AUSÊNCIA

Hoje
você
não está
onde estou

Solidão
amor
desolado
frustração

Porque
alegria
se fico
só
sem prazer
emoção

Hoje
namorados
se dão
em abraços
profusão

Enquanto
triste
penso
em dias

que se foram
que se vão
E me
dou conta
só então

Solitário
não namora
mora
sozinho
desamor
compaixão

# BUSCA

Nosso amor
impossível
ao contrário
dos demais
não tem
sabor de
pecado

Sabe ao
reencontro
de almas
gêmeas
perdidas
que se
buscavam
no infinito

# CHÁ

Era jasmim
era rosa
era sabor
de maçãs
colhidas
na florada

Era brilho
purpurina
que brotou
de mãos
de fada

Era doce
e terno
era lírico
o chá
daquela hora

Porque
era o chá
Do nosso
AMOR

## DELEITE

Curto
seu cheiro
seu mosto
meu gosto
seu sabor
NOSSO
AMOR

# DELEITE II

Gozo
sucessivo
crime
continuado
ADULTÉRIO

# DINHA

Das flores
todas belas
e dentre
elas você

É aquela
que mais
encanta
perfuma
e vela
para que
nosso amor
seja perene
eterno

Que cintila
e vibra
em emoções
angústias
sentimentos
frustrações
que se confundem

Vida e morte
na essência
que traduz
a consciência
constante
DE SER

# DIVINDADE

Se eu fosse
Deus
afastaria
de nós
a distância
E tudo
o mais
que nos
separa
Faria parar
o tempo
para ter-te
em meus
braços
perto
do coração
e amar-te
Terna
Eternamente

# DIZER

Se eu pudesse
traduzir
em palavras
que busco
mas não
encontro

Se eu pudesse
falar de
que forma
o tanto

Tudo faria
para me
expressar
e do modo
mais simples

Simplesmente
diria
o quanto
te amo

## DIZER II

Queria
dizer-te
amo
Não como
consolo

Mas com
pungente
ardor

De quem
sente
realmente

o verdadeiro
significado
do amor

## DO AMOR

Quando
digo
amo você
não pergunte
como
nem por quê

O amor
não se
define
é como
Deus

Nele
se acredita
ou não...

# DOR

Amo
tanto
quanto
o santo
Andor

Que
Maria
em vida
jamais
se negaria

Carregar
com ingente
esforço

Em favor
de seu
santo
filho

Ainda
que em
dilacerante
dor

# ESPERA

Como se
nada
tivesse
acontecido

Continuei
aqui
enternecido
por teus
encantos

No aguardo
ansioso
e na espera
querida

De que
meus cantos
possam
despertar
sem prantos

Esse amor
que já
foi meu

E que
revive
hoje
na lembrança
santa

Do que
já fomos
um do outro
Tu e Eu

# ESPERANÇA

Quando
te vi tão linda
brilhante
como
o sol

Miríades
de luzes
reacenderam
cintilantes
em minh'alma

A chama
do amor perdido
distante...

De que já
não me
sentia
capaz

E vejo
contudo
agora
reluzir

No negro
fundo
verde
de teus
olhos

Ampliando
horizontes
platônicas
esperanças

Talvez
quem
sabe...
vãs

# ÊXTASE

O universo
perde
seu
significado
quando
unindo
meu corpo
ao teu
explodimos
em êxtase
Porque
ali
estamos
ou vizinhos
da morte
ou no
limiar
da própria
VIDA

# FALTA

O amor é véu
é vela
que cintila
na transparência
de meus olhos
vazios
que não conseguem
te enxergar
Que brilhe
então
com toda
intensidade
esse desejo
louco
que me
acaba
e extingue
aos poucos
tentando
te encontrar

# GOSTO

Seu sorriso
lindo
os cabelos
negros
cacheados

A voz de
veludo
e o olhar
enluarado

É presença
doce de ver
gosto gostoso
de sorver

E pleno
amor para
se ter

## HAI KAI II

Amar
querer
unidade
identidade
Eu
Você

# IMAGEM

Teus cabelos
negras ondas
noites sonhos
onde
nunca estou

Teu olhar
mirar desejo
vida meio
do que pleiteio

Teus lábios rubros
sábios
dizeres
que alumbram
degustantes
prazeres

Teu sorriso
riso d'alma
espelha espelho
felicidade calma

Teus braços
berço calor
acalanto canto
desejos
de clamante
Amor

# INTEGRAÇÃO

Do horizonte plano
faço meu corpo
e plaino
em vôos sonhos
de que sou capaz

Mas de concreto
a vida
E entre
o bem e o mal
a moral rígida
e a ética social
me aprisionam
não deixando falar
mais alto
o Eu

Autêntico despojado
comum
que nas coisas simples
se compraz

Mas se eu pudesse
falando assim
gritaria ao mundo
que tenho você

Mulher amante
companheira
não compassiva
mas compreensiva
e terna

Aceitante do contraditório
e delirante envolvimento
de meu ser
em seus descaminhos

Gritaria ao mundo
que no aconchego
do seu colo
no calor
de seus seios
e no pulsar
de seu ventre

Encontro a paz
que tanto desejo
na busca constante
dos antagonismos
reluzidos
de minh'alma

# INTEGRAL

Ser único
monolítico
racional

Não divisar
horizontes
fechar-se
em si
mesmo
opcional

É distanciar-se
das gentes
afastar-se
das contingências
ser puro
animal

Soltar
amarras
divagar
em sonhos
ser natural

É a tendência
do homem
(da mulher)
completa
integral

# O LYRIO E A ROSA

Em terras
da Babilônia
no seio
dos ali
escravos
filhos
da Tribo
de Davi

Plantou
o Senhor
a mais
bela
Rosa
rosa
em fulgurante
jardim.

Junto
dela
plantou
também
modesto
Lyrio
branco
cuja
missão

proteger
seria
e velar
enquanto
que
com
viço
a Rosa
crescia.

Juntos
assim
seguiram
em folguedos
Rosa e Lyrio.

A Rosa
perfumando
o Lyrio
que de
seu
aroma
vivia.

As pétalas
da Rosa
cada vez
mais
rosas
e as

do Lyrio
cada vez
mais
brancas.

Contudo
a mais
bela
dentre
elas
Rosas
então
um dia
a Rosa
colhida
triste
e chorosa
distanciou-se
do Lyrio
para embelezar
salões
encantar
olhares
brilhos
inebriando
com seus
perfumes
humanos
corações.

Mas
porque
distante
do Lyrio
em tempos
vazios
sua
tristeza
não mais
escondia
perdendo
o viço
cada
vez
mais
cedia
ficando
menos rosa
a Rosa
a cada dia.

O Lyrio
branco
ausente
da Rosa
mais
sentia
e a cada
instante
e pouco

a pouco
perdia
forças
morria.

Rosa e Lyrio
de tal
amargor
ausência
e mágoa
se desfizeram
em dor.

E as pétalas
da Rosa
rosas
como
antes
jamais
seriam.

E as brancas
do Lyrio
dilaceradas
abatidas
amareleciam.

Ao se
apagar
sem vida

e perfume
a Rosa
sangrada
então
em
vermelhas
rosas
transformou.

Enquanto
no sagrado
pranto
em último
hausto
pelo amor
perdido
em amarelas
rosas
o Lyrio branco
por graça divina
transfigurou.

Hoje
libertos
se reencontram
sempre
na aura
de paixão
no amálgama
de lindos

buquês
de Rosas
vermelhas/amarelas.

Vermelha
a Rosa
rosa
que era
e o Lyrio
branco
em rosas
amarelas.

Para encantar
desencantos
restabelecendo
esperanças
restaurando
amores
em deslumbrados
amantes.

Perenizando
assim
na continuidade
de vidas
o eterno
amor
da Rosa
rosa

e do Lyrio
branco.

Que sempre
fomos
em todas
as vidas
desde tempos
da Babilônia.
Rosa e Lyrio
um do outro
Você e Eu.

# METAMORFOSE

Se eu
pudesse
mergulharia
em sua
carne
sumiria
no seu
corpo
e me tornaria
VOCÊ

# PERDA

Canto
pranto
choro
que não
contenho

Porque
hoje
não mais
tenho
um pouco
do teu
amor

Que me
quis
um dia
intensa
ternamente

Deixo
por isso
em tuas
mãos
meu destino

Desatino
de incontido
sofrimento

Neste último
lamento
que reverente
deposito
aos teus
pés

# PRESENÇA

Tua imagem
que não
me sai
da mente
aguça-me
e faz vibrar
os sentidos
intensamente

Inundando
com o cheiro
do teu corpo
todo o meu
ser ardentemente

Cegando-me
o sol
de teus cabelos
e a luz
de teus
olhos doces
quentes

Que num
instante
não mais
que de repente

Transforma
em sonho
a alma
que de
concreto
sente

E posso
ter-te
junto
ao peito
e abraçar-te
estreitamente

Antegozando
um beijo
intenso
infinito
como se
estivesse
aqui
presente

# PRESENTE

Neste
que seria
também
nosso dia

Queria
pedir-te
um presente
mas calei-me

Consciente
que distante
num adeus
silente
não mo
concederia

Entrego-te
por isso
o que trago
em meu
peito ardente

Pulsante
como antes
a perenidade
do amor

Que por ti
sente
meu coração
hoje
E sempre

## QUERER

Amei um dia
Marisa Ângela
ou Maria

A todas quis
como a ninguém
jamais queria

E a Deus pedi
que me desse
o privilégio
a alegria
de tê-las
não de mim
mas como cria
de minhas
próprias crias

Que fossem belas
doces meigas
ou que assim
não fossem
pouco fazia

Importante era
querê-las
como queria

Pacientemente
contive
a ansiedade
e esperançoso
aguardando
o (grande) dia
que não veio

Porque de
todas elas
em verdade
você
é a síntese
de tudo
quanto queria

## QUERER II

Quero você
sem pranto
espanto
como estou

Quero você
sem dor
harmonia
como sou

Quero você
puro amor
libertino
com humor

Quero você
sem cor
esvanecente
difusa
simplesmente

Quero
querer você
com fervor
sem sentidos
dominante
Dominador

# REENCONTRO

Grandes olhos
negros
penetrantes
janelas d'alma
Imagem
que me ficou
de quando
não sei
e que refletiam
cada vez
e a cada
instante
(que os via)
sentimentos
recônditos
fantasias

Neles
(ou em minha
mente)
mergulhava
silente
meus impulsos
meus anseios
correnteza
carente

de proposições
e confidências
projetando
sonhos
e quimeras
não realizadas

Hoje
cabelos cor
de prata
olhei
e ali estavam
eles
novamente
aguçando
a sede
do meu rio
de desencantos
e leito
calcinado

Desejando
o encontro
sempre diluído
a cada esforço
e renovado
a cada esperança

Grandes
pretos

profundos
Não mais
refletindo
a alma
mas a própria
força
de meus
desejos incontidos

Cortando
amarras
rompendo
diques
para confundirem-se
nos meus
sem culpas
ou ressentimentos

Guiados
pelas mãos
de Deus
no reencontro
para a consumação
de um destino
desconhecido
infinito

# RESPOSTA

A angústia
dissipada
pela prova
provada
da prevalência
do sim
sobre o não

Diluiu-se
hoje em radiosa
mas triste
manhã
Transformando
em fogo-fátuo
a esperança
vã

Com esforço
todavia
afasto
a mágoa
pela vacuidade
da revelação

Sinto no
fundo d'alma

no âmago
do coração
ter sido
dissimulada
essa assertiva
do não

Mas se
assim quero
crer
e não dissipo
a dúvida
que sobrevive

A resposta
definitiva
se há de
vir um dia
quem sabe

Ainda virá
de você
extraindo
O SIM
do NÃO

# RISO

Belo
riso
sorriso
que em
teus
lábios
floram

Mostrando
dentes
alvos
Pérolas
que afloram

E dentre
elas
uma
que mais
brilha

E destaca
o sinal
presente
de meu
encanto

**Canto
que te
ofereço
agora**

# TAÇAS

Brilhantes
sem
jaça
são teus
seios
lindas
taças
onde
depositou
o senhor
a seiva
da vida
berço do
amor

## VIBRAÇÃO

Fibrilo fibras
tangendo
o coração

Vibro
em harmonia
com todos
os sons

Sou tudo
e nada
no meu
contentamento

Canto meu
pranto
choro meu
canto

MAS NÃO PERCO
TEU AMOR

# VIDA

Do que
não me
recordo
é o que
gostaria
de ser
se não
fosse
o que sou
e não sei
por quê

Mas é
relevante
falar
ou dizer
pouco
importa
se sou
o que
sou
ou o que
queria
ser

Porque fiz
do ideal
símbolo
da vida
VOCÊ

# CONCRETAMENTE

## A ESCOLHA

Do voto
revolto
revolta
a condição

Votar
ou não (votar)
eis a questão

Leite
carne
pão

Está no
voto
a solução

Partido
siglas
programas

Propagandas
promessas
em profusão

Mas de concreto
a pretensão
de todos (os candidatos)
do povo não
A crise o petróleo...
O modelo (ditado)
é econômico
ganancioso
torpe

Deixando faltar
na panela
feijão

É gente
enganando
gente
sem distinção

Na caça
ao voto
tanto faz
ser governo
ou oposição

O povo
coitado
esse...
fica na mão

# ALGOZ

Do calango
Da charrua
Do suor
do candango

Da bota
do seu pé descalço
Da enxada
na terra crua

De sua pele
curtida
ao sol
de todos os dias

Do frio
de sua alma
De noites de lua
mal dormidas

Do choro
de seus filhos
pela falta
de comida

Do bucho
de sua mulher
toda vez enchida
por falta
de outros prazeres

De sua ignorância
e do apego à vida
sem sentido
e não sentida

De massa
informe
e do coro
sem voz

Se alimenta
E veste
e goza
a vida
o outro
SEU ALGOZ

## ALMA PRETA

Refletiu
no suor
do asfalto

O negrume
luzidio
de seu rosto

E viu
que sua alma
preta

Era tão
bela
quanto

As noites
estreladas
de luar

# AMOR

O Amor é sentimento
doce e nobre
Entretanto quando
mal cultivado pode
transformar-se
no amargor de
toda a existência

# CAMINHADA

Eu vim
de longe
caminhando
devagar

E vou
aonde
se a estrada
não sei mais
onde vai dar

No meu caminho
vi de tudo
e de tudo
quero lembrar

Não sei se é
fato
se é sonho
ou me pus
a imaginar

Vi gente
pobre
a esmola
mendigar

Vi homem
rico
a migalha
lhes negar

Vi a mãe
preta
filho morto
como vivo
carregar

Via a mãe
branca
no rendado
filho seu
acalentar

Vi no sertão
Senhor
brandir
chicote
e escravos
trabalhar

Quando se diz
que escravos
mais
não há

Vi matuto
se encolher
como rolo
de fumo
Enquanto feitor
o açoitava
pra plantar

Vi na cidade
o rico
sua morada
ostentar

E a miséria
das "paliças"
equilibrando-se
no ar

Vi tanta
coisa
que mais
não vale
contar

Porque
desses dias
vivo triste
a lamentar

## DEDICAÇÃO II

Dedicar a vida a Deus
não está no afastamento das
tarefas do cotidiano mas
sim na execução delas em nosso
favor e de nosso semelhante

# FALA

Ouve o canto dos pássaros
É como se comunicam com seus iguais
Faz como eles e deixa que tua fala
Também seja sempre um canto
de amor a teus semelhantes

# GLÓRIA

Ai daqueles que
se vangloriam
porque a verdadeira
glória está
no prazer
do silêncio
com que se
a usufrui

## LÁSTIMA

Do verso
caído
ninguém
ouviu
a voz

Do lamento
sentido
ninguém
se ocupou

Da raiva
contida
ninguém
se orgulhou

Da lágrima
corrida
ninguém
a secou

Onde está
a turba
contida
que a bomba
espantou

Onde está
o povo
sofrido
que o sistema
calou

Voz
vozes
onde o grito
a energia
o protesto
o não

Até quando
permitir
que tudo
aconteça
sem fazer
acontecer

Porque
Porque

Vê
o menino
chorando
da mãe
sem leite
o peito
chupar

É a fome
do santo
de todos
os santos
do Brasil
de Nosso Senhor

Que com
todas
as bombas
com todo
horror
gritam
a fome
a sede
a necessidade
de viver

E então
como fazer
como fazer

*Homenagem a Dona
Lyda Monteiro*

# LUTAR

Se a terra
é suja
e sofre
o povo
em noites
de lua

Se presente
a fome
a miséria
de teu
irmão

Se campeia
a desgraça
e morre
a criança
em subnutrição

Se mata
e morre
o homem
por um pedaço
de pão

Assustem-se
e temam

os que têm
condição
Porque
insensíveis
e insones
não escaparão

Da massa
informe
em turbilhão
que há de lutar
desperta
um dia
em busca
da redenção

# MENDIGO

Uma esmola
por favor
Estou com
fome
sede e dor

Uma esmola
por favor
Ouvi sempre
de meu pai
e de outro
senhor

Uma esmola
por favor
Essa a escola
que a vida
me ensinou

Uma esmola
por favor
É o que sei
e nela trabalho
duro com
louvor

Uma esmola
por favor
Se não tem
não se importe
tudo bem
"seu" Doutor

Uma esmola
por favor
Vou em frente
tentando repetindo
sem pudor

Uma esmola
por favor
Sou desgraçado
desvalido
sem valor

Uma esmola
por favor
Só peço sobras
nada mais
que horror...

Uma esmola
por favor
Mil vezes disse
estou com
fome

tenho sede
e tenho dor

Uma esmola
por favor
Pela última
vez imploro
porque tenho
medo
por seu destino
MEU SENHOR

## NATAL

É dia de festa
porque hoje
é Natal
quando
se trocam
presentes
e formulam
brindes
em festival

É dia de festa
porque hoje
é Natal
quando
tudo não
se sente
esquecendo
a miséria
a fome
e a morte
final

É dia de festa
porque hoje
é Natal
quero dar

ou ganhar
um presente
porém qual

Um pão
para a
criança
carente
ou um
robô eletrônico
para o pequeno
príncipe principal

Ou receber
lisonjas
ou críticas
sinceras
quando
sou falho
ou sou
mal

É dia de festa
porque hoje
é Natal
penso
e concluo
tristemente

que só posso
perdão
a Deus
pedir

Porque
não sei
simplesmente
fazer o bem
quando
recebo o mal

# NÊUTRON

A bomba
de nêutron
piedosa
explodiu
na cabeça
do homem
para matar
outros homens
mas
preservando-lhes
as construções

Que a piedade
do Criador
faça explodir
a cabeça
do homem
que a criou

# OFENSA

Se alguém te ofender
Lembra-te que a ofensa
absorvida nenhum mal
te fará mas sim
a teu ofensor por não
haver logrado seu intento

## PROTESTO

Gritei meu grito
de protesto
que não ouviram
os potentados
que resvalou os ouvidos
da burguesia
e caiu no
chão do povo
QUE O SOERGUERÁ

# QUERER

Quis vida
pura
e só teve
hipocrisias

Quis sonhos
e fadas
só teve
realidades
cruas

Quis trabalho
e oportunidades
só teve
favores
e biscates

Quis família
continuidade
e só teve
relação prostituída

Quis ser gente
e só o foi
por um instante
no seu corpo
sua morte
sua mente

# SABEDORIA

Só os tolos dizem que sabem
porque aqueles que sabem
não o dizem fazem

# SER

A vida
é enigma
que se
revela
na morte
e se desfaz
na certeza
de que
a morte
é o início
da própria
VIDA

# SUBIDA

Subindo
me dei
conta
que
descia
à mais
baixa
nuga
social

Duzentos
e treze
escarpados
degraus
levaram-me
à promiscuidade
ao frio
à miséria
e à morte
da infância
em subnutrição

E lá
debaixo
olhei
o céu

e vi os
deuses
no paraíso
morando
em belas
mansões
e reluzentes
arranha-céus

## UM E OUTRO

**U**M
recebia
o sol
radiante
refletido
na branca
areia
da praia

OUTRO
o reflexo
do calor
causticante
que descia
do zinco
onde morava
sua laia

UM
banhava-se
nas águas
tépidas
e azuis
do mar

OUTRO
nas águas
barrosas
que em
fila
colhia
depois
de horas
de esperar

UM
se nutria
regalando-se
em finas
iguarias

OUTRO
mantinha
o corpo
comendo
o pouco
que podia

UM
casou-se
teve filhos
e a vida
lhe sorria

OUTRO
juntou-se
e a mulher
lhe deu
crias

UM
Deus levou
após
merecida
aposentadoria

OUTRO
morreu
tísico
só deixando
triste
Maria

# VIDA

A luz do sol
é forte
e brilhante
como a vida
Porém cuidado
pode apagar-se
com o passar de
uma simples nuvem

## VIDA II

Por que
grita
e clama
o homem
por justiça
trabalho
e pão

Por que
choram
as mulheres
a perda
de seus
homens
nas lutas
pela
sobrevivência
em vão

Ou nas
cruentas
batalhas
por utópicos
ideais
que não são
seus

mas de
seus patrões

Por que
sorri
a humanidade
em face
de tanta
dor e
destruição
para as quais
não oferece
solução

Para que
viver assim
se o progresso
a paz
buscada
é miragem
ilusão

Levanta
então
e luta
por
justiça
igualdade
e pão

Ou morre
submisso
escravo
de inumana
paixão

# VOZ

Quando as cigarras cantam
prenunciam um dia radioso e belo
Deixa que tua voz então somente
anuncie as boas notícias

Impresso no Brasil pelo
Sistema Cameron da Divisão Gráfica da
**DISTRIBUIDORA RECORD DE SERVIÇOS DE IMPRENSA S.A.**
Rua Argentina 171 — 20921-380 Rio de Janeiro, RJ — Tel.: 585-2000